AF227395

JAMES DARMESTETER

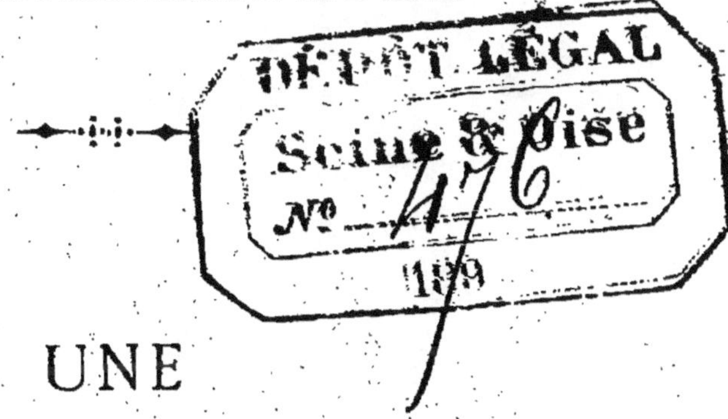

UNE

PRIÈRE JUDÉO-PERSANE

PARIS

LIBRAIRIE LÉOPOLD CERF

13, RUE DE MÉDICIS, 13

1891

JAMES DARMESTETER

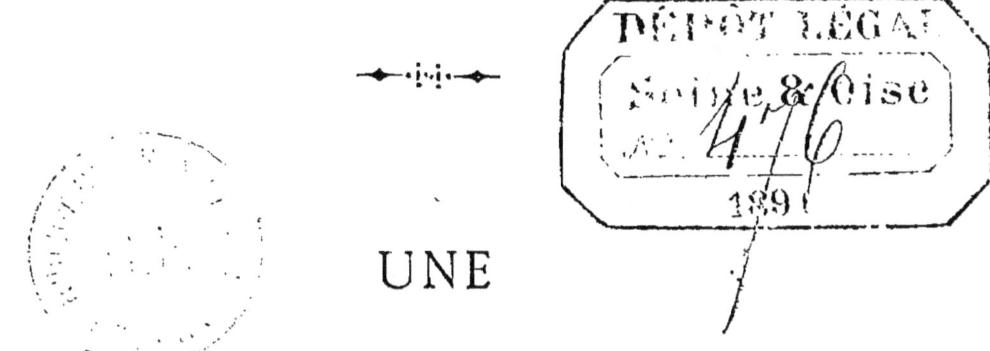

UNE
PRIÈRE JUDÉO-PERSANE

PARIS

LIBRAIRIE LÉOPOLD CERF

13, RUE DE MÉDICIS, 13

1891

A MONSIEUR

Joseph DERENBOURG

AU MAITRE DES ÉTUDES RABBINIQUES EN FRANCE

CET ESSAI EST DÉDIÉ

A L'OCCASION DE SON 80e ANNIVERSAIRE

PAR UN DE SES ANCIENS ET DÉVOUÉS DISCIPLES
EN SIGNE D'ADMIRATION, DE RECONNAISSANCE ET DE RESPECT
POUR LES GRANDES, BELLES ET BONNES ŒUVRES DU PASSÉ
ET CELLES QUE NOUS ATTENDONS,
POUR DE LONGUES ANNÉES ENCORE,
D'UNE VIE VOUÉE AU CULTE DE LA SCIENCE ET DU BIEN.

21 août 1891.

LA prière parsie dont nous donnons plus loin la traduction a été publiée, pour la première fois en Europe, par M. Sachau dans ses *Neue Beitræge zur Kenntniss der Zoroastrischen Litteratur* (dans les Comptes rendus de l'Académie de Vienne, 1873, pp. 828-833. Il reproduisait le texte d'un manuscrit du British Museum, malheureusement très incorrect (Add. 8996, f. 45 *b*), et dont l'habile orientaliste a, dans sa traduction, tiré à peu près tout ce qu'il était possible d'en extraire. L'année précédente, 1872, sans qu'il en eût connaissance, un texte plus correct avait paru à Bombay dans l'*Avesta Tamam*, publié par l'imprimerie de l'Akhbari Saudâgar, vaste compilation qui contient presque tous les textes religieux existant,

zends et parsis, mais qui a le désavantage
d'être imprimée dans le caractère guzarati
(vol. I, pp. 730-732). Le *Khorda Avesta* de
Tîr Andâz, publié l'année suivante, 1874,
contient une troisième édition de notre
prière, accompagnée d'une excellente traduction persane. Ces deux textes nouveaux
et cette traduction facilitent singulièrement
notre tâche.

I

NAMAZI ORMAZD.

Prière à Ormazd.

1. Prière au Créateur Ormazd, brillant et glorieux ; qui connaît tout, savant ; puissant et qui rend puissant ; qui sait pardonner et qui pardonne[1] ; qui nous donne tout bien, nous conserve tout bien, qui écarte tout mal ;

2. Roi majestueux, droit[2] et victorieux ; créateur majestueux et pur.

3. Je remercie le Créateur Ormazd : je le remercie en pensée, je le remercie en parole, je le remercie en action.

4. Merci à toi, ô Créateur, pour les bons jours qui sont venus : je te remercie pour les mauvais jours qui ne sont pas venus.

5. Je te remercie pour la beauté du ciel, pour

1. *Avakhshidâr avakhshâyishnîgar* ; *avakhshidâr* est traduit *hamésha bidâr* « toujours éveillé », dans le lexique parsi publié par M. Sachau (p. 859, 6) : c'est certainement une erreur du lexicographe ou du manuscrit ; le mot et d'autres de la famille se retrouvent dans le Shikan Gumânî au sens de miséricordieux : *avakhsháidár*, raxâ kartar ; *avakhshâind*, kshamâpara ; *avakhshâishnî*, pratipâlana ; *avakhshâishnîgar*, khshamâpara. Tîr Andâz traduit les deux mots *bakhshanda bakhshâyish kunanda*, ce qui donne l'étymologie et la lecture vraie des deux mots : *âbakhshîdâr, âbakhshâyisnîgar*, l'a initial du pehlvi pouvant être *â* aussi bien que *a*.

2. *Sahî* « droit » ; Tîr Andâz : *durust u râst.*

la largeur de la terre, la longueur des rivières[1], la hauteur du soleil[2], les eaux qui courent, les plantes qui poussent, le soleil qui réchauffe, la lune qui éclaire, les étoiles qui sont dans le ciel, depuis la création jusqu'à ce jour[3] et depuis ce jour jusqu'à la résurrection et la vie future.

6. Je te remercie, ô Créateur Ormazd : je te remercie en pensée, je te remercie en parole, je te remercie en action.

7. O Créateur, je te remercie *de ce que tu m'as fait iranien et de la bonne religion*[4]; et de ce que tu m'as donné à présent[5] l'intelligence[6] et la mémoire, le cœur[7], la clarté de l'œil, la main, le pied, et de bons aliments et de bons vêtements et de toute chose bonne, à mon souhait.

8. O Créateur, merci à toi en pensée, en parole,

---

1. *rúd* (TA. et B. au lieu du *rúz* de S.).

2. Littéralement « que dans le ciel il y a beauté (*Ki andar âsmán zívá*), que la terre est en large, la rivière en long, le soleil en haut (*zamín fa zahná, rúd fa drahná, khorshíd fa bálá*; TA. supprime *fa* : « de ce que la terre est longue, etc. »). L'auteur de la prière s'est rappelé la formule zende : [Ashôish baêshaza] *zem-frathanha dânudrájanha, hvare-berezanha : zamik-pahnái, rút-drahnái, khorshéd-bálá*; Yasna 59, 7; cf. Yt. 13, 32).

3. tâ *imróz* (S. tâ *Ormazd*).

4. *kut êr uhú-dín kard am.*

5. *nín = aknún* (S. *níz*).

6. *hush* (S. *hushn*).

7. S. et B. ont *vavárím*; TA. a *uárâm*, « le repos », ce qui a peu de sens ici et semble une correction malheureuse pour la forme *vavárím*, inconnue à l'éditeur. Il semble pourtant qu'il y avait un mot *várím* signifiant cœur; car le vieux Yasna pehlvi de la Bodléenne (J²) a la glose *dil* pour le *várím* qui traduit l'énigmatique *várem* dans le Hâ, x, 39, ce qui prouve à tout le moins que l'on connaissait un mot *várím* ayant le sens de « cœur ».

en action, mille fois chaque jour, mille fois mille.

9. O Créateur Ormazd, je te remercie en pensée, je te remercie en parole, je te remercie en action.

10. Merci à toi, ô Créateur, *de ce que tu m'as fait de la race des hommes*[1] ; de ce que tu[2] m'as fait entendant, parlant, voyant ; *de ce que tu m'as créé libre et non pas esclave*[3] ; *de ce que tu m'as créé homme et non pas femme*[4] ; de ce que tu m'as fait de ceux qui mangent en observant le *váj*[5] et non de ceux qui parlent en mangeant.

11. Prière aussi à toi, ô Créateur, de ce que je vois cette création : le ciel élevé, le soleil qui réchauffe, la lune qui contient le germe du taureau[6], le feu rouge, brûlant et resplendissant[7] ; la gloire du Roi et son riche trésor ; la terre fertile, l'eau qui va ; les plantes qui poussent[8], arbustes, arbres et herbes[9] ; la femme obéissante[10], belle, glo-

---

1. *kut aj cihri mardumân áfrid am.*

2. *ut* (S. *ush*).

3. *ut âẓád brahínid* (S. *ubrahínid*) *am, ut na banda.*

4. *ut mard dád am, na ẓan.*

5. « Pendant la prière, les repas et les fonctions naturelles, il est défendu de parler ; on peut seulement rendre des sons non articulés, à peu près comme font les muets : c'est ce qu'on appelle parler en *vadj* ». (Anquetil, ZEND AVESTA, II, 598).

6. Allusion à un mythe expliqué dans le Bundahish, x.

7. *barhómand = faróghmand* (lexique Sachau).

8. *arishnómand*, dans les trois textes ; *arishn* semble une corruption de *aródishn* (hu-ròdishn) qui traduit *huruthma* (Y, x, 10) et *raodha* (Hâdh. N. II, 23).

9. *vástar-j* : ici S. seul a la bonne lecture ; TA. a *vásnar-j* qui n'en diffère d'ailleurs que par un point diacritique (traduit *giẓáh*, herbe ; le zend *vástrem*) ; B. a *ôçtarj*.

10. *tarsakâh ;* c'est-à-dire farmân burdân, « obéissant » (TA.).

rieuse ; le fils populaire [1], haut de taille, à la langue
agile [2], aimable, et qui fait ses prières [3] ; les amis,
les voisins, les frères, les parents [4], qui réjouissent
le cœur ; et le plaisir des saveurs [5] ; et une pensée
qui ne désire que le bien ; et tous ces biens dont
tu disposes, l'utilité, la gloire, le bien-être, au sein
desquels tu me fais vivre, en ce monde du bien,
par ton secours [6].

12. Que le Paradis soit leur part ! Que l'Im-
mortalité vienne à leur âme ! Qu'ils se reposent
dans le brillant Paradis ! mes père et mère, mes
frères, sœurs, parents, amis, coreligionnaires, qui
ont été et qui sont passés. Qu'à eux tous le Paradis soit leur part !

13. Que ce monde terrestre [7] soit leur part !
Que les bonnes œuvres de ce monde soient leur
part !

---

1. *anjamaní*, qui a du succès dans l'assemblée (z. *Vyâ-
khnâm*, anjamanîk Y. LXI, 13).

2. *shiv hûzván*; zend *Khshvivrem hizvâm*, (Y. LXI, 11).

3. *nyâyishnômand* (= farz adâ kunanda; TA.).

4. *dôstân hamsâyagân* (*brádarán*; manque dans S.)
khvèshân : répond à la série des Gâthas : *Airyaman,
verezéna, hvaetush*.

5. S. et TA. lisent *rámishn khárám manishn khvèsh
avâyast frárin*; B. supprime *khárâm* et *manishn* et lit *rámishn khvèsh áváiast frárin* « le plaisir [qui jouit] de ses
désirs honnêtes ». Râmishn Khârâm (Khârôm) est le génie
qui donne leur saveur aux aliments.

6. *andar in gêhân ashâya ômand* (S. uashâyaomand)
avish hâdra (B. ô ash hâdare). Le dernier terme est énigmatique : *avish* transcrit en pehlvi donne khvèsh ; *hâdra*,
comme l'observe ingénieusement M. Sachau, peut être
ayyâr, d'autant plus que dans le *Cithrem buyát*, il semble
traduit par *madad* (Sachau, p. 823).

7. Qu'ils retrouvent là haut le secours des bonnes œuvres
qu'ils ont faites sur la terre !

14. Que toute chose, — de pensée, de parole et d'action, — soit sur la bonne route, sur la voie de Dieu !

15. Ainsi plaise à Ormazd et aux Amshâspands : ainsi et plus encore ! Ainsi soit le désir de Dieu et des Amshâspands !

II

Pour peu que l'on soit familier avec le rituel juif, les lignes que nous avons soulignées dans le *Namâzi Ormazd* rappellent immédiatement à l'esprit les litanies de la prière du matin :

Béni soit l'Éternel, notre Dieu, maître du monde, *qui ne m'a pas fait naître idolâtre.*

Béni soit l'Éternel, notre Dieu, maître du monde, *qui ne m'a pas fait naître esclave.*

Béni soit l'Éternel, notre Dieu, maître du monde, *qui ne m'a pas fait naître femme* [1].

Le rapport est si frappant, non seulement dans l'idée, mais dans l'expression même, qu'il est clair que nous avons affaire ici, non pas à une rencontre de deux esprits religieux agissant indépendamment chacun de son côté, mais à un emprunt historique. Nous avons ici un exemple de cet *intercourse* littéraire et religieux, qui s'est produit durant un millier d'années entre les Juifs et

---

1. Les femmes disent humblement : « Béni soit l'Éternel, notre Dieu, maître du monde, qui m'a faite selon sa volonté. »

les Perses, entre les compatriotes du second Isaïe et le peuple de Cyrus, et dont l'histoire, quand il se trouvera un savant capable de la faire, c'est-à-dire connaissant à la fois et de première main le monde juif et le monde zoroastrien, formera un des chapitres décisifs de l'histoire des religions modernes.

Quand et de quel côté s'est fait l'emprunt ? Il faut voir tout d'abord ce que nous pouvons savoir de la date de l'une et de l'autre prière.

III

Le *Namázi Ormazd* ne nous est pas arrivé dans sa forme primitive : il était d'abord écrit en pehlvi, comme le sont d'ailleurs tous les textes parsis et comme le prouvent directement plusieurs des erreurs de lecture du texte (voir p. 7, n. 1 ; p. 9, n. 5 ; p. 10, n. 6). Il a été écrit sous la dynastie nationale, sous les Sassanides (226-652) ; car depuis la chute de Yezdegerd, il n'y a plus eu un seul jour où un Parsi ait pu remercier Ormazd de voir le *Khôrahi Pádisháh*, la Gloire de la royauté nationale, le *Kavaém hvarenò*. Je ne sais si même à cette heure, la plus heureuse de l'histoire parsie depuis douze siècles, le Parsi le plus loyal oserait appliquer cette expression à la Majesté de la reine Victoria.

Pour la date de la prière juive, je me suis adressé à l'érudition et l'amitié de M. le grand rabbin de France, M. Zadoc Kahn, et je n'ai qu'à résumer les notes qu'il a bien voulu me fournir.

Les trois bénédictions citées forment un ensemble inséré dans une série de bénédictions du même type, mais d'un autre sentiment et d'une autre origine et qui répondent aux divers actes du réveil et du lever. Ainsi en entendant le chant du coq, le fidèle bénit Dieu d'avoir donné au coq l'intelligence de distinguer le jour de la nuit[1] ; en ouvrant les yeux, il bénit Dieu qui rend la vue aux aveugles ; en se mettant sur son séant, Dieu qui délivre les prisonniers (au figuré) ; en s'habillant, Dieu qui revêt ceux qui sont nus, etc. Nos trois eulogies, qui n'ont aucun rapport avec ces actes spéciaux, sont insérées après celle du coq et interrompent assez maladroitement la série ; le rituel portugais, plus conséquent, les rejette tout à la fin.

La série que nous appelons « la Série du lever » est sortie des écoles de Babylonie : le Talmud de Babylone (*Berakhot*, 60 *b*) les attribue à des rabbins des troisième et quatrième siècles, Rab, Samuel et Abaï : ce dernier né vers 280, mort en 338, fut placé en 330 à la tête de l'Académie rabbinique de Pumbaditha.

Les trois eulogies qui nous intéressent sont plus anciennes et viennent de Palestine. Elles paraissent pour la première fois dans le traité *Menahot*, 43 *b*, qui les attribue à Rabbi Méir, le Tanna Pa-

---

1. De là le nom du coq, *Sekhvi* « l'intelligent » ; en zend *parôdarsh*, « celui qui voit d'avance ». Voir Vendidad, xviii, 15 (34), 23 (51).

lestinien, disciple de Rabbi Akiba, qui fleurissait dans la première partie du iie siècle de notre ère. « L'homme, dit R. Méir, est tenu de faire trois bénédictions par jour. *Béni soit Dieu de m'avoir fait israélite[1]; de ne m'avoir pas fait femme; de ne m'avoir pas fait ignorant!* » Le Tosifta de Berakhoth, ch. vi, les met dans la bouche du disciple de R. Méir, R. Jehouda, le rédacteur de la Michna : « Béni soit Dieu de ne m'avoir pas fait idolâtre (gôi), de ne m'avoir pas fait femme, de ne m'avoir pas fait ignorant! »

Au ive siècle, un Rabbi babylonien, R. Acha, fils de Jacob, entendant son fils remercier Dieu de ne l'avoir pas fait ignorant, lui reproche d'employer une formule trop prétentieuse et la lui fait remplacer par les mots : « De ne m'avoir pas fait esclave »; c'est la forme qui a prévalu, c'est aussi la forme de la prière persane. L'origine palestinienne de cette série et sa date ancienne, qui remonte à une époque où les rapports entre Juifs et Mages étaient peu étroits, même en Perse, et où le magisme d'ailleurs n'était point encore sorti de sa longue éclipse, en rend certaine l'origine purement juive. D'ailleurs le sentiment qui l'inspire, le sentiment de fierté reconnaissante pour le don d'élection, sentiment qui inspire toute la Bible et qui ne paraît point dans l'Avesta, suffirait à la marquer du sceau d'Israël. Elle a donc été empruntée

---

1. *Israël;* répond exactement à l'*Er*. « Iranien » de la prière parsie (voir plus haut, note 6) : *êr*, de Zend *airya*, a passé sous la période sassanide, du sens d'Iranien, à celui du Chazdéen, le chazdéisme étant devenu la religion d'État.

par les Mages, lorsque les écoles juives l'eurent
portée de Judée en Babylonie, et si c'est vraiment
Rab Acha qui lui a donné la forme moderne, qui
est aussi celle qu'elle revêt dans la prière parsie,
nous arriverons à la conclusion que l'emprunt a
été fait entre le ive siècle et le viie.

Le quatrième siècle et le commencement du
cinquième conviennent d'ailleurs admirablement :
car c'est une époque où les docteurs juifs ont été
tout puissants à la cour sassanide : c'est l'époque
de Sapor II (309-379), dont la mère Ifrâ Hormuzd
est la protectrice attitrée de Raba et des Juifs, et
dont la femme est assez judaïsante pour que les
Actes des martyrs de Perse en profitent pour re-
jeter sur les Juifs la responsabilité des persécu-
tions de Sapor contre les chrétiens; c'est l'époque
de Yazdegerd (399-420), qui épouse la fille du
prince des Juifs, le Rêsh-galûtâ, converse des
choses de religion avec les docteurs et assimile
le judaïsme à la religion de Mazda [1].

Nous avions déjà des exemples certains d'em-
prunts faits par les Juifs de l'époque rabbinique
au mazdéisme [2]. Nous avons ici un emprunt non
moins certain des Mages au judaïsme et ainsi se
trouve confirmée la vérité historique de ces lignes
de l'apocryphe judéo-persan de Daniel : « Les
sages d'Israël feront amitié avec eux, et appren-
dront beaucoup d'eux ; et eux s'informeront du
Seigneur auprès des Israélites [3]. »

1. Voir nos *Textes pehlvis relatifs au Judaïsme*, série II.
2. *Les six feux dans le Talmud et dans le Bundehesh.*
3. *L'Apocalypse persane de Daniel.*

VERSAILLES, IMP. CERF ET FILS, 59, RUE DUPLESSIS.